A ARTE DE AMAR

THICH NHAT HANH

Tradução

Rodrigo Peixoto

A

AGIR

Título original: *How to love*

CIP-BRASIL. CATALOGAÇÃO-NA-FONTE
SINDICATO NACIONAL DOS EDITORES DE LIVROS, RJ

N479a

Nhât-Hanh, Thich, 1926-
A arte de amar / Thich Nhat Hanh ; tradução Rodrigo Peixoto. - 1. ed. - Rio de Janeiro: Agir, 2015.
128 p. : il.

Tradução de: How to love
ISBN: 978.85.220.3085-9

1. Meditação. 2. Espiritualidade. 3. Amor. I. Título.

CDD: 299.93
CDU: 299.9

Contatos:
Rua Nova Jerusalém, 345 – Bonsucesso – 21042-235
Rio de Janeiro – RJ – Brasil
Tel.: (21) 3882-8200 – Fax: (21) 3882-8212/8313

SUMÁRIO

NOTAS SOBRE O AMOR

CORAÇÃO COMO UM RIO

Se colocarmos um punhado de sal em um copo de água, a água fica intragável. Porém, colocando sal em um rio, as pessoas poderão continuar a usar suas águas para cozinhar, lavar e beber. O rio é imenso e tem capacidade para receber, acolher e transformar. Quando nossos corações são pequenos, nosso entendimento e compaixão são limitados, e nós sofremos. Não conseguimos aceitar nem tolerar os demais e suas limitações, e exigimos que eles mudem. Porém, quando nossos corações se expandem, nada disso nos faz sofrer. Nós temos muita compreensão e compaixão, e podemos acolher o próximo. Aceitamos as pessoas como elas são, e então todos têm uma chance de se transformar. Portanto, a questão mais importante é: como ajudar os nossos corações a crescerem?

ALIMENTAR NOSSO AMOR

Cada um de nós pode aprender a arte de nutrir felicidade e amor. Tudo precisa de alimento para viver, até mesmo o amor. Se não soubermos como nutrir nosso amor, ele mingua. Quando alimentamos e oferecemos apoio à nossa própria felicidade, estamos nutrindo nossa capacidade de amar. É por isso que amar significa aprender a arte de nutrir nossa felicidade.

COMPREENSÃO É A NATUREZA DO AMOR

Entender o sofrimento do outro é o melhor presente que podemos oferecer ao nosso semelhante. A compreensão é outro nome para amor. Quem não compreende, não ama.

RECONHECER O AMOR VERDADEIRO

O amor verdadeiro nos oferece beleza, frescor, solidez, liberdade e paz. O amor verdadeiro agrega um profundo sentimento de alegria por estarmos vivos. Se não sentimos nada disso quando amamos, não é amor verdadeiro.

REVERÊNCIA É A NATUREZA DO NOSSO AMOR

Na Ásia, existe a tradição de tratar seu parceiro com o respeito que você dispensaria a um convidado. Isso é verdadeiro mesmo quando estamos com uma pessoa amada há muito tempo. O outro sempre merece nosso respeito total. Reverência é a natureza do nosso amor.

O AMOR É EXPANSIVO

No início de um relacionamento, seu amor pode incluir apenas você e a outra pessoa. Porém, se você pratica o amor verdadeiro, em pouco tempo esse amor crescerá e incluirá a todos nós. No momento em que o amor para de crescer, ele começa a morrer. É como uma árvore: quando ela para de crescer, começa a morrer. Nós podemos aprender a alimentar nosso amor e auxiliá-lo a continuar crescendo.

O AMOR É ORGÂNICO

O amor é algo vivo, que respira. Não há necessidade de forçá-lo a crescer em uma direção específica. Se começarmos sendo gentis e tranquilos com nós mesmos, encontraremos o amor dentro de nós, sólido e com capacidade curativa.

DISTRAÇÕES

Muitas vezes somos atraídos por outras pessoas não apenas porque as amamos verdadeiramente ou as entendemos, mas para nos distrairmos de um sofrimento. Quando aprendemos a nos amarmos e entendermos, quando construímos compaixão por nós mesmos, podemos amar de verdade e entender o outro.

OS QUATRO ELEMENTOS DO AMOR

O amor verdadeiro é feito de quatro elementos: bondade, compaixão, alegria e equanimidade. Em sânscrito, são chamados de: *maitri, karuna, mudita* e *upeksha*. Se o seu amor contém tais elementos, ele será curativo e transformador, e abarcará também o elemento da santidade. O amor verdadeiro tem o poder de curar e transformar qualquer situação, além de trazer um significado profundo às nossas vidas.

BONDADE

O primeiro elemento do amor verdadeiro é a bondade. A essência da bondade é sermos capazes de oferecer alegria. Você pode ser o sol do outro. Porém, será impossível oferecer alegria até que você a tenha para si mesmo. Portanto, construa um lar interno para a bondade aceitando a si mesmo e aprendendo a se amar e se curar. Aprenda a praticar a atenção plena (ou *mindfulness*) de uma maneira capaz de criar momentos de alegria e felicidade para sua própria nutrição. Assim, você terá algo a oferecer ao outro.

COMPAIXÃO

O segundo elemento do amor verdadeiro é a compaixão. A compaixão é a capacidade de entender o sofrimento interno de si próprio e do outro. Quando entendemos nosso próprio sofrimento, podemos ajudar o próximo a entender o dele. Entender o sofrimento nos traz compaixão e alívio. Você pode transformar seu sofrimento e ajudar a transformar o dos demais com a prática da mente atenta e da observação cuidadosa.

ALEGRIA

O terceiro elemento do amor verdadeiro é a capacidade de oferecer alegria. Quando sabemos como gerá-la, a alegria nutre a nós mesmos e aos demais. Sua presença é um presente, como o ar fresco, as flores da primavera ou um brilhante céu azul.

EQUANIMIDADE

O quarto elemento do amor verdadeiro é a equanimidade. Também podemos chamá-lo de inclusão ou não discriminação. Em um relacionamento profundo, não existem fronteiras entre você e o outro. Você é ele e ele é você. O seu sofrimento é o sofrimento dele. Compreender seu próprio sofrimento ajuda a pessoa amada a sofrer menos. O sofrimento e a felicidade deixam de ser assuntos individuais. O que acontece com a pessoa amada acontece com você. O que acontece com você acontece com a pessoa amada.

RESPEITO E CONFIANÇA

Além dos quatro elementos tradicionais do amor verdadeiro (bondade, compaixão, alegria e equanimidade), existem outros dois: respeito e confiança. Tais elementos podem ser encontrados nos outros quatro, mas é importante mencioná-los. Quando amamos alguém, devemos ter confiança e segurança. Amor sem confiança ainda não é amor. Claro que primeiro devemos confiar e respeitar e sermos seguros de nós mesmos. Confie na sua natureza boa e repleta de compaixão. Você é parte do universo, você é feito de estrelas. Quando olha para o ser amado, você enxerga que essa pessoa também é feita de estelas e carrega a eternidade dentro de si. Olhando-a dessa forma, sentimos uma reverência natural. O amor verdadeiro não pode existir sem confiança e respeito por si mesmo e pelo outro.

SEJA BONITO(A), SEJA VOCÊ MESMO

Quem é capaz de aceitar o próprio corpo poderá enxergá-lo como sua moradia. É capaz de descansar no próprio corpo, de se instalar, de relaxar, de sentir alegria e tranquilidade. Quem não aceita o próprio corpo e mente não está bem consigo mesmo. Devemos nos aceitar como somos. Essa é uma prática muito importante. Ao tentar construir uma casa em si mesmo, ficamos mais e mais bonitos.

VOCÊ É UMA FLOR

Todas as crianças nascem no jardim da humanidade como se fossem uma flor. Nenhuma flor é igual a outra. São várias as mensagens em nossa sociedade que nos dizem, mesmo quando ainda somos muito jovens, que há algo de errado conosco e que, comprando o produto certo, enxergando em certa direção ou tendo o parceiro certo, tudo se resolverá. Quando somos adultos, devemos dizer aos jovens que eles são bonitos como são, que não precisam ser outra pessoa.

REGAR A FLOR EM UM AMIGO

Certo dia, eu estava dando uma palestra em nosso centro de práticas na França. No público, havia um casal vindo de Bordeaux para a ocasião. A mulher estava sentada bem na frente e chorava desde o início da palestra. Quando terminei, fui conversar com o marido e lhe disse:

— Querido amigo, a sua flor precisa ser regada.

Ele me entendeu imediatamente. Após o almoço, os dois voltaram de carro para casa, e ele passou uma hora e meia relatando tudo o que gostava em sua esposa. Quando chegaram em casa, as crianças ficaram surpresas ao ver sua mãe tão alegre. Transformações podem acontecer bem rápido.

ABRAÇAR

Em 1966, uma amiga me levou ao aeroporto de Atlanta. Quando nos despedíamos, ela perguntou:

— Eu posso abraçar um monge budista?

No meu país, não costumamos nos expressar dessa maneira, mas eu pensei: "Sou professor de *zen*. Eu não deveria ter qualquer problema em relação a isso." E respondi:

— Por que não?

E ela me abraçou, mas eu fiquei um pouco paralisado. No avião, fiquei pensando que, se queria trabalhar com amigos ocidentais, deveria aprender a cultura do Ocidente. Por isso, inventei a meditação do abraço. A meditação do abraço é uma mistura de Oriente e Ocidente. De acordo com tal prática, devemos abraçar o outro de verdade. Devemos ter ele ou ela verdadeiramente nos braços – e não apenas para manter a aparência, dando uma palmadinha nas costas, mas respirando de maneira consciente e abraçando-o(a) com todo nosso corpo, espírito e coração. "Inspirando, eu percebo que o ser amado está entre meus braços, vivo. Expirando, sei que ele é precioso para mim." Respirando profundamente, a energia do seu cuidado e apreciação penetrarão a outra pessoa, que será nutrida e desabrochará como uma flor.

J+R

CORPO E MENTE

O corpo e a mente não são duas entidades separadas. O que acontece no corpo afeta a mente e vice-versa. A mente confia no corpo para se manifestar, e o corpo confia na mente para permanecer vivo, para que ele seja possível. Quando amamos alguém, devemos respeitar essa pessoa, e não apenas respeitar sua mente, mas também seu corpo. Respeitamos nosso próprio corpo e o da pessoa amada. O corpo somos nós. O corpo é a mente. A mente e o corpo do outro também estão conectados.

PRÁTICA ESPIRITUAL

Espiritualidade não significa uma crença cega em ensinamentos espirituais. A espiritualidade é uma prática que nos traz alívio, comunicação e transformação. Todos necessitamos de uma dimensão espiritual em nossas vidas. Sem tal dimensão, é muito desafiador enfrentar as dificuldades diárias. Com uma prática espiritual, perdemos o medo. Junto ao corpo físico, temos o espiritual. A prática da respiração, caminhada, concentração e compreensão podem ser ótimas ajudas para lidar com nossas emoções, auxiliando a percepção e a aceitação do nosso sofrimento, ajudando-nos a reconhecer e aceitar o sofrimento alheio. Com tal capacidade, podemos desenvolver uma intimidade espiritual real e duradoura conosco e com os demais.

TRÊS TIPOS DE INTIMIDADE

São três os tipos de intimidade: física, emocional e espiritual. As três devem andar juntas. Todos estamos em busca da intimidade emocional. Queremos ter comunicação real, compreensão mútua e comunhão. Queremos estar em harmonia com o outro. Quando uma relação íntima contém esses três elementos, a intimidade física é mais significativa, pode ser altamente saudável e com propriedades curativas.

SEXO VAZIO

Desejo sexual não é amor. A atividade sexual sem amor é chamada sexo vazio. Se você satisfaz o seu corpo, mas não o seu coração nem a sua mente, está mesmo satisfeito? Você se sente conectado e completo? Quando seu corpo, seu coração e sua mente estão satisfeitos, a intimidade sexual é capaz de conectar mais profundamente você e o seu parceiro.

DIZER “NÃO”

Amar alguém não significa dizer “sim” a tudo o que o outro quer. A base do amor é conhecer a si mesmo e as suas necessidades. Eu conheço uma mulher que sofria muito por não conseguir dizer “não”. Desde muito jovem, sempre que um homem lhe pedia algo, ela sentia que deveria responder “sim”, mesmo contra sua vontade. É importante saber que amar o outro não é mais importante do que escutar a si mesmo e conhecer nossas necessidades.

TRÊS RAÍZES FORTES

Para manter nosso comprometimento com o parceiro, para enfrentar as tempestades mais perigosas, precisamos de raízes fortes. Se esperamos o aparecimento de um problema conjugal para depois tentar resolvê-lo, não teremos raízes fortes o suficiente para aguentar os golpes. É muito comum pensarmos que estamos equilibrados quando, na realidade, tal equilíbrio é frágil. Uma mera brisa pode nos derrubar. O zimbro tem suas raízes plantadas bem profundamente, no coração da Terra. Por conta disso, são árvores sólidas e fortes. Outras, porém, parecem mais frágeis, e uma chuvinha de nada pode derrubá-las. As árvores resilientes aguentam tempestades violentas, pois suas raízes são profundas e firmes. As raízes de um relacionamento duradouro são a consciência plena, escuta profunda e diálogo amoroso, e uma comunidade forte que lhe dê apoio.

COMPARTILHAR A MESMA ASPIRAÇÃO

Em um relacionamento, quando você e seu parceiro compartilham o mesmo tipo de aspiração, vocês se tornam um só e se transformam em um instrumento de amor e paz neste mundo. Vocês começam como uma comunidade de duas pessoas, e tal comunidade pode crescer. No centro de práticas onde moro, somos mais de cem. Temos as mesmas preocupações, os mesmos desejos, o mesmo futuro. Não existe espaço para ciúme, pois somos fiéis à mesma aspiração. Compartilhamos tudo, mas mantemos intacta nossa liberdade. O amor não é um tipo de prisão. O verdadeiro amor nos dá muito espaço.

COMUNICAÇÃO AMOROSA

Amar sem saber *como* amar é ferir a pessoa que amamos. Para saber como amar alguém, devemos entender essa pessoa. Para entendê-la, precisamos escutar. Essa pessoa pode ser nosso parceiro, nosso amigo, nosso irmão ou nosso filho. Se preferir, pergunte:

— Meu querido, você acha que eu o entendo o suficiente? Por favor, conte-me sobre suas dificuldades, seu sofrimento, seus maiores desejos.

Nesse momento, o outro terá uma oportunidade de abrir seu coração.

RESPIRAR PARA EVITAR UMA DISCUSSÃO

Todos sabemos que culpar e discutir não resolve nada, mas nos esquecemos disso. A respiração consciente nos ajuda a desenvolver a habilidade de parar no momento crucial e também evita dizermos ou fazermos algo de que poderíamos nos arrepender mais tarde. Pratique a respiração consciente quando tudo estiver bem com seu parceiro. Fazendo isso, você estará pronto quando algo der errado.

ESCUTAR COM PACIÊNCIA

Quando a pessoa amada estiver falando, tente escutar com atenção. Algumas vezes o outro dirá algo surpreendente, algo oposto ao que pensamos. Permita que o outro fale livremente. Não o interrompa nem critique suas palavras. Quando escutamos com cuidado, com todo nosso coração (por dez minutos, meia hora ou mesmo uma hora), começamos a enxergar o outro mais profundamente, compreendendo-o melhor. Se o outro diz algo errado, algo baseado em uma percepção incorreta, podemos lhe dar alguma informação e ajudá-lo a corrigir seu pensamento. No entanto, devemos fazer mais tarde. Em um primeiro momento, apenas escute.

LIBERTAR-SE DOS COMPLEXOS

Normalmente, não conseguimos amar a nós mesmos e aos demais quando estamos repletos de complexos. Quando sofremos de complexo de inferioridade, temos baixa autoestima, o que é uma forma de doença. A autoestima exagerada também é doentia, pois nos consideramos melhores que os demais, o que gera sofrimento da mesma forma. Embora igualdade seja algo bom, também pode ser um complexo. Quando dizemos "sou tão bom quanto ele", ainda pensamos estar separados dos demais. Quando nos comparamos, surge o sofrimento. A liberdade verdadeira implica libertar-se de todos complexos.

UM PARCEIRO DE VERDADE

É comum ficarmos pensando se temos muito a oferecer em um relacionamento. Estamos sedentos de verdade, bondade, compaixão, beleza espiritual e buscamos isso fora de nós mesmos. Algumas vezes, pensamos ter encontrado um parceiro que engloba tudo isso, além de ser bom, bonito e verdadeiro. Passado um tempo, costumamos descobrir que tivemos uma percepção errada sobre essa pessoa e ficamos desapontados. Um verdadeiro parceiro ou amigo é alguém que nos encoraja a olhar para dentro de nós mesmos, para assim procurarmos a beleza e o amor que estamos buscando.

ALEGRIA É CURA

Se um relacionamento não é capaz de oferecer alegria, não é amor verdadeiro. Se você faz o outro chorar o dia todo, não é amor verdadeiro. Ofereça apenas as coisas que podem fazer o outro feliz. Você deve conhecer as necessidades reais do outro. Pratique e aprenda como gerar um sentimento de felicidade com sua inspiração, expiração e seus passos. Se você tem compreensão e amor suficientes, cada momento (seja tomar café da manhã, dirigir o carro, regar o jardim ou fazer qualquer outra coisa durante o seu dia) pode ser um momento de alegria.

NUTRIR-SE PELA ALEGRIA

Aprenda a nutrir si mesmo e o outro com alegria. Você é capaz de fazer o outro sorrir? Você é capaz de aumentar a segurança e o entusiasmo do outro? Se não for capaz de fazer essas pequenas coisas, como pode dizer que ama essa pessoa? Algumas vezes, uma palavra gentil é suficiente para que alguém desabroche como uma flor.

ATENÇÃO

Enquanto estivermos nos rejeitando e causando danos aos nossos corpos e mentes, não há motivo para conversarmos sobre aceitar e amar os demais. Com consciência plena, podemos reconhecer nossas maneiras habituais de pensar e também o conteúdo dos nossos pensamentos. Algumas vezes, nossos pensamentos giram em círculos e ficamos reféns da desconfiança, do pessimismo, dos conflitos, da tristeza ou do ciúme. Esse estado mental se manifesta naturalmente em nossas palavras e ações, causando danos a nós mesmos e aos demais. Quando acendemos a luz da consciência plena sobre nossos padrões habituais de pensamento, os enxergamos com clareza. Reconhecer nossos hábitos e sorrir para eles é praticar uma atenção mental apropriada. Isso nos ajuda a criar caminhos neurais novos e bem mais benéficos.

A PESSOA AMADA COMO CURA

A palavra *karuna*, do sânscrito, costuma ser traduzida como "compaixão". Compaixão significa "sofrer com" outra pessoa, compartilhar seu sofrimento. No entanto, *karuna* é bem mais do que isso. É a capacidade de remover e transformar o sofrimento, não apenas compartilhá-lo. Quando vamos a um médico, de nada ajudaria se ele simplesmente compartilhasse nossa dor. Um médico deve ajudar a curar nosso sofrimento. Quando amamos alguém, devemos ter a capacidade de trazer alívio e ajudar essa pessoa a sofrer menos. Isso é uma arte. Se não entendemos as raízes do sofrimento de uma pessoa, não podemos ajudar, da mesma maneira que um médico não pode curar se não conhece a causa de uma doença. Você deve entender a causa do sofrimento da pessoa amada para poder oferecer alívio.

AMAR COM CONSCIÊNCIA

"Amor" é uma palavra bonita, e devemos restaurar seu significado. Quando dizemos "eu amo hambúrguer", usamos a palavra de maneira leviana. Devemos nos esforçar para curar as palavras, empregando-as de maneira adequada e cuidadosa. O amor verdadeiro inclui um sentimento de responsabilidade e aceitação do outro como ele é, com todos os seus pontos fortes e fracos. Quando só gostamos do lado bom dos outros, isso não é amor. Devemos aceitar suas fraquezas e usar nossa paciência, entendimento e energia para ajudá-los a se transformarem. Esse tipo de amor traz proteção e segurança.

NÃO À DISCRIMINAÇÃO

No amor verdadeiro, não há separação nem discriminação. A felicidade do outro é a sua felicidade. O seu sofrimento é o sofrimento do outro. Você não pode mais dizer:

— Isso é problema seu.

No amor verdadeiro, a felicidade e o sofrimento deixam de ser assuntos pessoais. Você é o outro. O outro é você. Num bom relacionamento, somos como dois dedos de uma mesma mão. O dedo mindinho não sofre de complexo de inferioridade, nem diz:

— Eu sou muito pequeno. Queria ser grande como o polegar.

E o polegar não se sente superior, nem diz:

— Eu sou mais importante. Sou o irmão mais velho de todos os dedos. Vocês devem me obedecer.

Muito pelo contrário, há uma colaboração perfeita entre eles.

PEDIR AJUDA

Quando sofre, você pode sentir vontade de correr para o seu quarto, trancar a porta e chorar. A pessoa que o feriu é a última que deseja ver. Ainda que essa pessoa tente se aproximar, você ainda pode estar com muita raiva. Porém, para ter alívio, você deve se aproximar da pessoa que ama, aquela que o feriu profundamente, e pedir sua ajuda. Seja 100% você mesmo. Abra sua boca e diga, com todo o seu coração e toda a sua concentração, que você está sofrendo e precisa de ajuda.

TRÊS FRASES ÚTEIS

Não é saudável internalizar a raiva por muito tempo. Se você está chateado demais para manter um tom calmo, escreva um bilhete e deixe onde o outro possa ler. Aqui vão três frases que podem ser úteis. Primeira: "Querido(a), eu estou sofrendo, estou com raiva, e quero que você saiba disso." Segunda: "Eu estou fazendo o melhor possível." Isso significa que você está praticando a respiração e caminhada conscientes, e que está evitando fazer ou dizer qualquer coisa guiado pela raiva. Terceira: "Por favor, me ajude." Memorize essas três frases. Ou então as escreva em um pequeno pedaço de papel, do tamanho de um cartão de crédito, e guarde na sua carteira. Quando estiver com raiva, pegue o papel. Você saberá exatamente o que fazer.

VOCÊ TEM CERTEZA?

As ações das outras pessoas são resultado das suas próprias dores, não da intenção de ferir você. Uma percepção equivocada pode causar muito sofrimento. É por isso que, quando notamos algo, devemos nos perguntar se tal percepção é correta. Quando estamos com amigos, olhando para o pôr do sol, todos sabemos que o sol ainda não se pôs. No entanto, um cientista poderia nos dizer que estamos vendo apenas a imagem do sol, uma imagem de oito minutos antes. Nós somos sujeitos a centenas de falsas percepções. Da próxima vez que estiver sofrendo, e imaginando que tal sofrimento poderia estar sendo causado pela pessoa que você mais ama, peça ajuda ao seu amado.

ORGULHO

Muitas vezes nosso orgulho nos impede de pedir ajuda. No amor verdadeiro, não existe espaço para orgulho. Amar uns aos outros significa confiar uns nos outros. Se não dissermos à pessoa amada que estamos sofrendo, isso significa que não amamos essa pessoa o suficiente para confiarmos nela. Devemos perceber que o outro é a melhor pessoa para nos ajudar. Devemos nos permitir ajuda das pessoas que amamos.

REDESCOBRIR A APRECIAÇÃO

Quando um ser amado está sofrendo muito, ele não tem energia suficiente para nos acolher e nos ajudar a sofrer menos. Por conta disso, ficamos desapontados. Passamos a ver a presença do outro como algo que não é mais útil. Podemos até mesmo nos perguntarmos se não amamos mais essa pessoa. Se você for paciente e exercitar a prática de cuidar de si mesmo e do outro, talvez tenha uma chance de descobrir que os elementos de bondade e beleza da pessoa amada ainda estão lá. Cuidando de si mesmo você poderá oferecer apoio à pessoa amada e restabelecer a alegria no seu relacionamento.

UMA SEDE INTENSA

Algumas vezes, nos sentimos vazios. Sentimos um vácuo, uma enorme falta de alguma coisa. Não sabemos a causa, que é muito vaga, mas o sentimento é bem forte. Esperamos e desejamos algo muito melhor, que nos faça sentir menos sozinhos, menos vazios. O desejo de compreender nós mesmos e a vida é uma sede intensa. Há também a sede intensa de amar e ser amado. Nós estamos prontos para amar e sermos amados. Isso é muito natural. Porém, por nos sentirmos vazios, tentamos encontrar um objeto de nosso amor. Às vezes não tivemos tempo nem mesmo de nos compreendermos, mas já encontramos esse objeto. Quando percebemos que nem todas as nossas esperanças e expectativas podem ser preenchidas por aquela pessoa, continuamos nos sentindo vazios. Buscamos algo, mas não sabemos o quê. Em todo mundo existe um desejo e uma expectativa contínuos. No fundo, bem no fundo, continuamos esperando que algo melhor aconteça. É por isso que checamos nosso e-mail tantas vezes durante o dia!

UMA PANELA EM BUSCA DE UMA TAMPA

É muito comum nos sentirmos como uma panela sem tampa. Nós acreditamos que nossa tampa está em algum lugar do mundo e que se procurarmos bem a encontraremos. A sensação de vazio está sempre dentro de nós. Quando contemplamos o outro, algumas vezes pensamos ver nele o que falta. Imaginamos precisar de alguém com quem contar, um refúgio, alguém capaz de diminuir nosso sofrimento. Queremos ser o objeto de contemplação e atenção de outra pessoa. Queremos alguém que olhe para nós e acolha nossa sensação de vazio e sofrimento, preenchendo-a com sua energia da mente atenta. Em pouco tempo, nos viciamos nesse tipo de energia e pensamos que, sem tal atenção, não podemos viver. Ela ajuda a nos sentirmos menos vazios e esquecermos do bloco de sofrimento que carregamos no interior dos nossos corpos. Quando não conseguimos gerar energia para cuidar de nós mesmos, imaginamos precisar da energia de outra pessoa. Focamos na necessidade e na falta, não na geração da energia da mente atenta, concentração e compreensão capaz de curar nosso sofrimento e também de ajudar o outro.

ANTES DE SE COMPROMETER COM O OUTRO

Duas pessoas estavam a ponto de se casar no Plum Village, o centro de práticas onde eu moro. Eles queriam conversar comigo antes da cerimônia e eu os recebi na minha cabana. Eles disseram:

— Thay, faltam menos de 24 horas para o nosso casamento. O que poderíamos fazer para nos prepararmos, a fim de que nossa vida de casados dê certo?

E eu respondi:

— O mais importante para vocês é observarem bem profundamente, enxergarem se existe algo que continua sendo um obstáculo. Vocês não conseguem se reconciliar com alguém? Vocês não conseguem se reconciliar com certos aspectos de vocês mesmos?

A reconciliação também pode ser consigo mesmo. Se você não se reconcilia consigo mesmo, a felicidade ao lado de outra pessoa é impossível.

RECONCILIAR-SE À DISTÂNCIA

Ainda que a pessoa com a qual você precisa se reconciliar esteja distante, o trabalho de reconciliação pode ser levado a cabo hoje. O que importa é reconciliar-se com seu próprio coração e mente. Se a reconciliação é realizada internamente, já é o suficiente. O efeito dessa reconciliação será notado por todos. Mesmo que a pessoa com a qual você precisa se reconciliar se negue a responder, ou mesmo que essa pessoa esteja morta, a reconciliação continua sendo possível. Reconciliar-se significa trabalhar interiormente para que a paz seja restaurada. Reconcilie-se consigo mesmo para o bem do mundo, para o bem de todos os seres vivos. Sua paz e serenidade são cruciais para todos nós.

CRIAR UMA FAMÍLIA

Antes de ter um filho, seria maravilhoso se as pessoas reservassem um ano para se observarem profundamente, para praticarem o diálogo amoroso e a escuta profunda, e para aprenderem as demais práticas que as ajudariam a se divertirem ainda mais consigo mesmas e com seus filhos. Trazer uma nova vida a este mundo é coisa séria. Reservar um ano de introspecção e preparação não me parece um exagero. Médicos e terapeutas demoram dez anos para conseguirem seus diplomas. No entanto, qualquer pessoa pode virar pai sem nenhum treinamento ou preparação. Os pais devem aprender a semear felicidade, paz e alegria junto aos seus novos filhos.

A PRÁTICA DA METTA

Amar é, acima de tudo, nos aceitarmos como realmente somos. A primeira prática do amor é conhecer a si próprio. A palavra da língua páli *metta* significa "amor/bondade". Quando praticamos a meditação Metta, enxergamos as condições que nos levaram a sermos quem somos. Isso ajuda a nos aceitarmos, aceitando também nossos sofrimentos e aspirações. Quando praticamos a meditação Metta, tocamos nossas aspirações mais profundas. No entanto, a vontade e a aspiração para amar ainda não são o amor. Devemos observar com cuidado, com muita atenção, para entendermos o objetivo de nossa meditação. A prática da meditação amorosa não tem nada a ver com autossugestão. Devemos observar profundamente nossos corpos, sentimentos, percepções, ideias e consciências. Dessa forma, podemos notar quanta paz, felicidade e leveza já possuímos. Podemos notar quando estamos ansiosos por conta de problemas ou da má sorte e quanta raiva, irritação, medo, ansiedade ou preocupação continuamos sentindo. Ao percebermos tais sentimentos dentro de nós, nos entendemos melhor, vemos como nossos medos e nossa falta de paz contribuem à nossa infelicidade, e notamos o valor de amar a nós mesmos e cultivar um coração repleto de compaixão. O amor tomará conta de nossos pensamentos, palavras e ações.

ESCAVAR PROFUNDAMENTE

Praticar a meditação do amor/bondade é como escavar profundamente a terra até encontrarmos uma fonte de água pura. Nós nos observamos com muito cuidado, até alcançarmos uma percepção capaz de trazer nosso amor à tona. A alegria e a felicidade irradiam de nossos olhos, e todos à nossa volta se beneficiam com nossos sorrisos e nossa presença. Cuidando bem de nós mesmos, ajudamos a todos. Deixamos de ser uma fonte de sofrimento para o mundo e nos transformamos em um reservatório de alegria e leveza. Em todos os lugares, existem pessoas que sabem muito bem como cuidar de si mesmas, que vivem de maneira alegre e feliz. Elas são nosso maior apoio. Tudo o que elas fazem é pensando nos demais.

COMETER ERROS

Por sermos humanos, cometemos erros. E causamos sofrimento aos demais. Ferimos nossos seres mais queridos e sentimos culpa. Porém, sem cometer erros, não podemos aprender. Se pudermos aprender com nossos erros, estaremos transformando lixo em flores. É muito comum que nossos erros surjam de uma falta de habilidade, não da vontade de ferir uns aos outros. Considero um comportamento mais ou menos habilidoso, em vez de melhor ou pior. Se somos habilidosos, podemos evitar o próprio sofrimento e o sofrimento dos demais. Se existe algo que queremos contar ao outro, devemos ser sinceros, mas com habilidade, de uma maneira que não gere ainda mais sofrimento.

BOA VONTADE NÃO É SUFICIENTE

Suas boas intenções não são suficientes. Você deve ser engenhoso. Nós podemos estar repletos de boa vontade, podemos ser motivados pelo desejo de fazer o outro feliz. Porém, mesmo sem querer, podemos gerar infelicidade. Caminhar, comer, respirar, conversar e trabalhar, tudo pode ser uma boa oportunidade de praticarmos a criação da felicidade dentro de nós mesmos e à nossa volta. Viver com consciência plena é uma arte, e cada um de nós deve treinar para ser um artista.

ENCONTRAR UM LAR

Todos buscamos nosso verdadeiro lar. Alguns de nós ainda estão procurando pelos seus. Nosso verdadeiro lar é nosso interior, mas também as pessoas que nos cercam. Quando estamos envolvidos em um relacionamento amoroso, podemos ser um verdadeiro lar um para o outro. Na língua vietnamita, o parceiro de vida é chamado de "meu lar". Portanto, se perguntarmos a um homem:

— Onde está sua esposa?

Ele pode responder:

— Meu lar está na agência de correios.

Se um convidado disser a uma mulher:

— A comida estava deliciosa. Quem a preparou?

Ela pode responder:

— Meu lar preparou a comida.

Ou seja:

— Meu marido preparou a comida.

ABRIR A PORTA

Quando você aprender a entrar em seu lar interno, poderá abrir suas portas a outras pessoas, pois terá algo a lhes oferecer. O outro deve fazer o mesmo, caso tenha algo a lhe oferecer. Caso contrário, não haverá nada a ser compartilhado além da solidão, doença e sofrimento. Isso não ajudará na sua cura. O outro deve curar a si mesmo, aquecendo-se internamente, para então sentir-se melhor, sentir-se bem, e poder compartilhar a casa com você.

SANTA INTIMIDADE

A intimidade sexual pode ser significativa quando existe consciência plena, concentração, *insight*, compreensão mútua e amor. Caso contrário, será altamente destrutiva. Quando o emocional, o espiritual e o físico estão em harmonia, a intimidade pode ser sagrada. É mais fácil praticar a intimidade consciente sendo monge do que sendo leigo, pois é mais fácil evitar a atividade sexual do que manter um relacionamento sexual harmonioso. A intimidade sexual só poderá acontecer quando existir compreensão mútua e amor.

CANALIZAR A ENERGIA SEXUAL

Buda tinha 35 anos, ainda era muito jovem, quando se tornou iluminado. Nessa idade, todos temos muita energia sexual, e é maravilhoso quando ela pode ser empregada para o benefício de todos, exatamente como fez Buda. Os jovens monges de nosso centro de prática passam muito tempo cortando madeira, fazendo jardinagem, cozinhando, praticando meditação sentados ou caminhando. Eles organizam retiros, cuidam de seus irmãos e irmãs, e também dos amigos que vêm de longe passar um tempo conosco. Eles empregam sua energia de maneira física e vivem plenamente. Isso os ajuda a perceber e estarem atentos, sem julgamento, à energia sexual e, dessa forma, aprendem a lidar bem com ela.

UMA FORTE ASPIRAÇÃO

Se você tem uma aspiração profunda, um objetivo de vida, o amor que sente pelos demais é parte dessa aspiração, não um ponto de distração dela. Se você e seu parceiro querem fazer coisas para aliviar o sofrimento do mundo, o amor que sentem um pelo outro está conectado ao amor que sentem pelos demais, e isso se expande exponencialmente, cobrindo o mundo inteiro.

DO QUE O AMOR PRECISA PARA SOBREVIVER

Buda disse que nada sobrevive sem comida, nem mesmo o amor. Se você não sabe como nutrir e alimentar o seu amor, ele morrerá. Se sabemos como alimentar nosso amor todos os dias, ele permanecerá vivo por um bom tempo. Uma maneira de nutrirmos nosso amor é sendo conscientes do que consumimos. Muitos de nós pensamos em nossa nutrição diária em termos do que comemos. Porém, na realidade, nós consumimos diariamente quatro tipos de alimentos. São eles: alimentos comestíveis (o que colocamos em nossas bocas para nutrir nossos corpos), alimentos sensoriais (o que cheiramos, ouvimos, provamos, sentimos e tocamos), vontade (a motivação e a intenção que nos servem de combustível) e consciência (incluindo nossa consciência individual, a consciência coletiva e o ambiente em que vivemos).

NUTRIR NOSSO AMOR COM ALIMENTOS COMESTÍVEIS

A primeira fonte de nutrição são os alimentos comestíveis. Se comemos com moderação, consumindo apenas o que precisamos e ingerindo alimentos que ajudam nossos corpos a permanecerem fortes e saudáveis, demonstramos amor e respeito aos nossos corpos e à Terra. Se não comemos alimentos saudáveis, se não tratamos nossos corpos com respeito, como respeitar os corpos dos demais e o corpo da própria Terra?

ALIMENTOS SENSORIAIS

A segunda fonte de nutrição são as impressões sensoriais, o que consumimos com os olhos, ouvidos, nariz, língua, corpo e mente. Quando lemos uma revista, consumimos. Quando vemos um programa de televisão, consumimos. Tudo o que consumimos afeta nossos corpos e mentes. Se consumimos revistas, filmes ou *video games* tóxicos, eles saciarão nossos desejos, raiva ou medo. Se separarmos um momento, todos os dias, para estarmos em paz com o ambiente que nos cerca, para caminharmos em meio à natureza – ou mesmo para observarmos uma flor ou o céu –, essa beleza penetrará nosso corpo e nutrirá nosso amor e alegria.

NUTRIR NOSSO DESEJO MAIS PROFUNDO

O terceiro elemento é a vontade. Nosso desejo, nossa esperança, nossa aspiração. São a energia que nos mantém vivos. Você quer *ser* alguém. Se você está motivado pela compaixão e pelo amor, sua vontade lhe dará energia e direcionamento para crescer e ser ainda mais amoroso e compassivo. No entanto, se seu desejo é o de possuir ou ganhar a qualquer custo, esse tipo de desejo é tóxico e não ajudará a aumentar seu amor. Você pode praticar o desenvolvimento de uma vontade forte e positiva. Você pode inclusive firmar um compromisso, dizendo:

— Eu juro desenvolver a compreensão e a compaixão em mim, para então me transformar em instrumento de paz e amor, ajudando a sociedade e o mundo.

Esse tipo de intenção está baseado em nossa mais profunda aspiração.

NUTRIR A CONSCIÊNCIA

A quarta fonte de nutrição envolve a consciência coletiva e a individual. Nossa consciência individual é influenciada pela consciência coletiva do meio em que vivemos. Nós absorvemos e refletimos o que existe ao nosso redor. Se moramos em um local onde as pessoas são raivosas ou violentas, podemos ser como elas. Se vivemos em uma família ou comunidade em que existe uma cultura de compreensão e compaixão uns com os outros, seremos naturalmente mais inclinados à paz e ao amor. Crianças que crescem em um ambiente desse tipo aprenderão a ser carinhosas e gentis.

MENTES IMENSURÁVEIS

Bondade, compaixão, alegria e equanimidade são descritos como estados ilimitados da mente, pois continuam a crescer e não podem ser mensurados. Quanto mais você pratica, mais verá seu amor crescendo. Não existe limite. Quanto mais praticar a compaixão, maior ela será. Quanto mais cultivar a alegria, mais alegria sentirá e mais capaz será de compartilhá-la. Quanto mais entender, mais amará; quanto mais amar, mais entenderá. São dois lados da mesma moeda. A mente do amor e a mente da compreensão são a mesma.

A BELEZA DO CORPO

O corpo humano é uma das coisas mais bonitas do mundo. Nós devemos tratar tal beleza com reverência. Algumas vezes sentimos medo de contemplar a beleza e, por isso, não tratamos nossos corpos e os corpos das outras pessoas com respeito.

A SOLIDÃO E O SEXO

Certas vezes, pensamos que, mantendo relações sexuais com outra pessoa, nos sentiremos menos solitários. No entanto, as relações sexuais não aliviam a solidão. Um poema vietnamita diz que um jovem tem a impressão de que deve se sentar muito perto da sua amada para aliviar sua solidão. Nós temos a impressão de que, sentados perto do outro, nos sentiremos menos sozinhos. Se estamos cinco metros distantes, isso é muito. Quatro metros é melhor. Três, melhor ainda. No entanto, mesmo um milímetro ainda parece muita coisa. Quando nossos corpos estão muito juntos, algo nos diz que a solidão será menor. Porém, se não compartilharmos nossas aspirações e o que existe em nossos corações, mesmo morando juntos e tendo filhos em comum, continuaremos nos sentindo muito sozinhos.

ESCUTA PROFUNDA EM CASAIS

Quando conheço um casal que mora junto e é feliz, proponho que estabeleçam um momento estruturado e regular de escuta profunda que os ajude a permanecer juntos. A escuta profunda é, sobretudo, a prática de estarmos presentes para o ser amado. Devemos estar verdadeiramente presentes para a pessoa que amamos. Na pessoa que amamos existe um sofrimento que ainda não enxergamos. Se não entendemos essa pessoa, não podermos ser seus melhores amigos, não podemos ser as pessoas indicadas para entendê-las. Tipo quando um excelente músico encontra alguém que compreende sua música: eles se tornam melhores amigos. Alguém que entenda nosso sofrimento é nosso melhor amigo. Nós ouvimos um ao outro. Estamos presentes um para o outro. Caso contrário, a junção de dois corpos se transforma em rotina e monotonia. Se você tem a impressão de que conhece o outro por dentro e por fora, está equivocado. Aliás, será que você conhece a si mesmo? Cada pessoa é um mundo a ser explorado.

SATISFAÇÃO

Devemos praticar de tal forma que cada momento seja uma satisfação. Devemos sentir satisfação por cada respiração, cada passo, cada ação. Essa é a verdadeira satisfação. Quando inspiramos e expiramos, existe satisfação. Quando damos um passo, existe satisfação. Quando fazemos alguma coisa, surge a satisfação de estarmos vivendo inteiramente o presente.

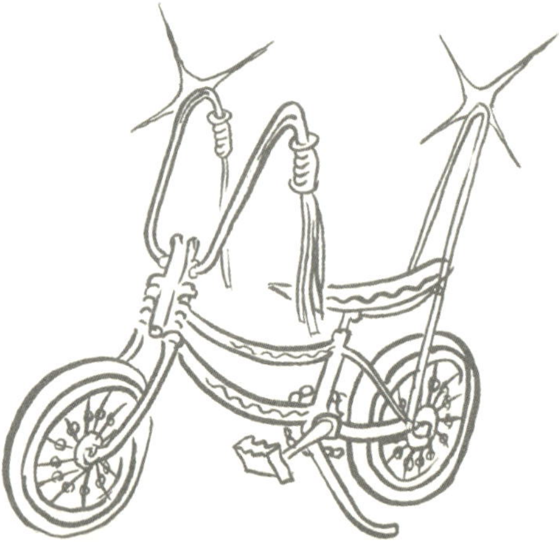

FELICIDADE NATURAL

Se você dá cada passo com consciência verdadeira, sem um objetivo de chegar a um ponto estabelecido, a felicidade surgirá naturalmente. Você não precisa buscar a felicidade. Quando estamos em contato com as maravilhas da vida, percebemos as várias condições de felicidade que já existem e naturalmente nos sentimos felizes. A beleza que nos rodeia nos leva de volta ao presente, e assim podemos nos livrar de planejamentos e preocupações que tomam conta de nossas mentes. Quando olhamos para a pessoa amada, mesmo que ela esteja imersa em ansiedade, podemos ajudá-la a sair dessa. "Querido, você já viu o sol? Você notou os sinais da chegada da primavera?" Isto é mente atenta: passamos a perceber o que está acontecendo agora e entramos em contato com as condições da felicidade, que estão dentro de nós e à nossa volta.

MEDITAÇÃO

A meditação consiste em gerar três tipos de energia: consciência plena, concentração e *insight*. Essas três energias nos oferecem o poder de nos nutrirmos de felicidade e cuidarmos do nosso sofrimento. O sofrimento pode existir, mas, com a energia da mente atenta, da concentração e do *insight*, somos capazes de aceitar e cuidar desse sofrimento, ao mesmo tempo em que nos nutrimos de felicidade.

A ARTE DE REPARTIR FELICIDADE

Em uma amizade, tentamos oferecer felicidade ao amigo. Certas vezes, pensamos estar fazendo algo pela felicidade de alguém, mas na verdade nossas ações fazem com que essa pessoa sofra. A vontade de fazer alguém feliz não é suficiente, pois todos temos nossa própria ideia de felicidade. Portanto, para fazer alguém feliz, devemos entender as necessidades do outro e também seus sofrimentos, seus desejos, e não devemos acreditar que sabemos o que fará essa pessoa feliz. Pergunte:

— O que poderia fazê-lo feliz?

O PRESENTE IDEAL

No Vietnã, existe uma fruta muito apreciada chamada durio. O seu cheiro é forte e ela é bem cara. Não são poucos os amantes dessa fruta, mas eu não gosto nada dela. Ao me ver trabalhando duro, alguém poderia pensar: “Nossa, ele deve estar muito cansado. Vou lhe oferecer um durio.” Porém, se você me forçasse a comer essa fruta, eu sofreria muito. Portanto, para amar alguém, devemos entender suas necessidades reais, não impor o que imaginamos ser necessário à felicidade. A compreensão é a base do amor.

REGAR AS FLORES

Praticando a arte da vida consciente, regamos os elementos positivos que existem em nosso interior e no interior dos demais. Enxergamos que os demais, assim como nós, têm flores e lixo em seu interior, e aceitamos tal fato. Nossa prática é regar as flores que existem no interior dos nossos seres amados, tentando não levar mais lixo até eles. Quando tentamos cultivar flores, ainda que elas não cresçam bem, não as culpamos nem discutimos com elas. Nosso parceiro é uma flor. Se cuidarmos bem dela, ela crescerá lindamente. Se fizermos o oposto, ela murchará. Para ajudar uma flor a crescer bem, devemos entender sua natureza. De quanta água e de quanto sol ela necessita?

SEM EGOÍSMO

Muitas vezes, ao dizer "eu te amo", focamos na ideia do "eu" e deixamos de lado a qualidade do amor que está sendo oferecido. Isso acontece porque somos reféns da ideia do "eu mesmo". Pensamos ter total individualidade. Porém, isso não existe. Uma flor é composta unicamente de elementos alheios às flores, como a clorofila, a luz do sol e a água. Removendo todos esses elementos, não existiria flor. Uma flor não pode existir sozinha. Uma flor deve viver entre tudo isso, e isso faz muito mais sentido. O ser humano também é assim. Nós não podemos existir sozinhos. Precisamos viver entre todos. Eu sou composto de elementos alheios a mim, como a Terra, o sol, meus pais e ancestrais. Em um relacionamento, devemos enxergar a natureza da inter-relação entre nós e o outro, e enxergarmos que o sofrimento do outro também é nosso, e que a nossa felicidade é a felicidade do outro. Enxergando dessa forma, falamos e agimos de maneira diferente. E isso pode eliminar uma boa quantidade de sofrimento.

OFERENDA DE AMOR

Amar não é possuir o outro nem consumir toda sua atenção e todo seu amor. Amar é oferecer ao outro alegria e bálsamo ao seu sofrimento. Essa é a capacidade que devemos aprender a cultivar.

O PRESENTE MAIOR

Um dos maiores presentes que podemos oferecer aos demais é praticar o desapego e o destemor. Eis um verdadeiro ensinamento, mais precioso que o dinheiro e os recursos naturais. Muitos de nós sentem um medo exagerado, e tal medo distorce as vidas e causa infelicidade. Nós nos agarramos a objetos e a pessoas como alguém que está se afogando agarra a um tronco flutuante. Devemos praticar a não discriminação para enxergar a interconexão e a transitoriedade de todas as coisas, e compartilhar tal visão com os demais. Dessa maneira, oferecemos o presente do destemor. Nada é permanente. Os momentos passam. As pessoas seguem suas vidas. Ainda assim, a felicidade é possível.

IRRADIAR LUZ

Quando amamos alguém, devemos analisar profundamente a natureza desse amor. Se quisermos nos sentir seguros ao lado de uma pessoa, tudo bem, mas devemos saber que isso não é amor verdadeiro. O amor verdadeiro não busca sofrimento nem apego total. Muito pelo contrário. Ele traz bem-estar para nós mesmos e para os outros. O amor verdadeiro nasce em nosso interior. Para que surja o amor verdadeiro, devemos nos sentir completos em nós mesmos, sem a necessidade de nada que venha de fora. O amor verdadeiro é como o sol. Ele brilha com luz própria, oferecendo sua luz a todos.

REVER CONCEITOS

As noções e ideias que nutrimos sobre felicidade podem nos confundir. E isso acontece pois nos esquecemos que são apenas noções e ideias. É possível que a própria ideia que nutrimos sobre felicidade não nos deixe ser felizes. Quando somos reféns de uma crença, não conseguimos enxergar as oportunidades de alegria que estão bem na nossa frente.

NÃO SOMOS SANTOS

Não diga:

— Amor, compaixão, felicidade e equanimidade compõem a forma de amar dos santos. Porém, como não sou santo, não posso amar dessa maneira.

Buda era um ser humano e praticava da mesma forma que nós. Em um primeiro momento, o amor pode envolver apego, possessividade e desejo de controle. Porém, com a prática da mente atenta, concentração e *insight*, podemos vencer tais obstáculos e alcançar um amor generoso, capaz de englobar todas as coisas, um amor maravilhoso.

AMIZADE

Seja amigo de si mesmo. Sendo um verdadeiro amigo de si mesmo, você poderá ser um verdadeiro amigo do seu amado. As paixões têm prazo curto, mas a amizade e a bondade podem durar muito tempo e crescer com o tempo.

OLHAR NA MESMA DIREÇÃO

Antoine de Saint-Exupéry, autor do *Pequeno Príncipe*, escreveu que "o amor não consiste em olhar um para o outro, mas sim em olhar juntos na mesma direção". Porém, quando duas pessoas que sofrem olham na mesma direção, é bem comum que estejam olhando para uma televisão! Com o passar do tempo, olhar na mesma direção e conversar com o outro se tornam tarefas difíceis e deixam de proporcionar alegria. Os desacordos, as tensões e infelicidades não param de crescer. Como devolver o amor e a alegria a tais relações? Em primeiro lugar, devemos pensar em nossa contribuição à situação. Depois, devemos ter a coragem de desligar a televisão e separar um tempo para conversar e ouvir o outro. Quando amamos, devemos tentar buscar a paz.

UM COMPROMISSO DURADOURO

Sem a ajuda de outros elementos, o que hoje chamamos de amor pode azedar rapidamente. O apoio de amigos e familiares cria uma espécie de teia que ajuda um relacionamento a se manter forte e duradouro. A força de nossos sentimentos é apenas um fio dessa teia. Apoiado por outros elementos, seu relacionamento será sólido como uma árvore. Para se fortalecer, as árvores cravam raízes com muitas ramificações no solo. Árvores com apenas uma ramificação podem ser derrubadas pelo vento.

A ARTE DE CRIAR FELICIDADE

Qual é a natureza da alegria e da felicidade? Como alcançarmos a alegria verdadeira em todos os momentos de nossas vidas? Como vivermos de maneira a oferecer um sorriso, um olhar amoroso e felicidade a todos que encontrarmos pelo caminho? Use seu talento e encontre uma maneira de gerar felicidade a si mesmo e aos demais. A felicidade que surge da meditação não é a mesma que nasce da busca pelo prazer. A felicidade meditativa é a capacidade de nutrirmos nossa mente atenta, nossa compreensão e nosso amor. Podemos jurar oferecer amor a alguém pela manhã e aliviar seu sofrimento pela tarde. Pergunte a si mesmo: "De que maneira eu posso fazer meu companheiro sorrir esta manhã?" Essa é a arte de criar felicidade.

UMA CRIANÇA DORMINDO

Podemos nos sentar e observar uma criança dormindo. Dormindo, essa criança revela ternura, sofrimento e esperança. Apenas contemple uma criança dormindo e observe seus sentimentos. Você será tomado por uma onda de compreensão e compaixão, e saberá como cuidar dessa criança e fazê-la feliz. O mesmo vale para um ser amado. Observe-o enquanto dorme. Observe cuidadosamente. Veja a ternura que ele revela e também seu sofrimento, suas esperanças e o desespero que pode ser expressado durante o seu sono. Sente-se durante 15 minutos ou meia hora e observe-o profundamente. A compreensão e a compaixão surgirão de dentro de você, e você saberá como estar presente para seu parceiro.

APRENDER A AMAR

Se nossos pais nunca se entenderam nem se amaram, como podemos saber o que é o amor? Não existe curso sobre amor. Se os adultos sabem como cuidar uns dos outros, as crianças crescem nesse ambiente e, de maneira natural, aprendem a amar, entender e fazer felizes uns aos outros. A maior herança que os pais podem deixar aos filhos é sua própria felicidade. Nossos pais podem nos deixar dinheiro, casas e terras, mas podem não ser pessoas felizes. Quando temos pais felizes, recebemos a maior herança de todas.

PERDÃO

Muitos de nós esperamos demais para descobrir o que realmente nos importa. O desejo sexual pode ser tão forte que demoramos a enxergar coisas mais importantes, detalhes que deveriam ter chamado nossa atenção. Todos cometemos erros, mas não podemos viver pedindo perdão aos demais. Em vez de simplesmente dizer:

— Sinto muito por ter gritado com você. – Tente não gritar tanto.

Em vez de pedir desculpas ligeiras, separe um tempo e comprometa-se a observar cuidadosamente as raízes do seu comportamento.

20 PERGUNTAS PARA ANALISAR SEU RELACIONAMENTO

1. Você está apaixonado?
2. Você ainda está apaixonado?
3. Você quer se reconectar à pessoa que costumava amar?
4. Você acredita que essa pessoa é feliz?
5. Vocês têm tempo um para o outro?
6. Você foi capaz de preservar um tempo para si mesmo e para o outro?
7. Você é capaz de oferecer coisas novas ao outro todos os dias?
8. Você sabe como lidar com o próprio sofrimento?
9. Você sabe como lidar com o sofrimento do outro?
10. Você conhece as raízes do seu próprio sofrimento?

11. Você é capaz de compreender o sofrimento do outro?
12. Você tem capacidade de ajudar o outro a sofrer menos?
13. Você aprendeu a acalmar seus sentimentos e emoções dolorosas?
14. Você tem tempo para escutar a si mesmo e aos seus desejos mais profundos?
15. Você tem tempo para ouvir o outro e ajudá-lo a sofrer menos?
16. Você é capaz de criar um sentimento de alegria para si mesmo?
17. Você é capaz de ajudar o outro a criar um sentimento de alegria?
18. Você acredita ter um caminho espiritual bem definido?
19. Você sente paz e contentamento dentro de si mesmo?
20. Você sabe como nutrir seu amor diariamente?

PRÁTICAS PARA NUTRIR AMOR VERDADEIRO

OS SEIS MANTRAS

1. Estou aqui para você

O maior presente que podemos oferecer aos demais é nossa presença verdadeira. “Estou aqui para você” é o primeiro dos seis mantras. Quando estamos concentrados, quando nosso corpo e mente estão conectados, geramos uma presença verdadeira, e tudo o que dissemos é um mantra, uma frase sagrada capaz de transformar a situação. E não é necessário que o mantra esteja em sânscrito ou tibetano, ele pode ser repetido na sua própria língua. “Querida, estou aqui para você.” Estando verdadeiramente presente, esse mantra operará milagres. Você se torna real, o outro se torna real, a vida se torna real. Você gera felicidade para si mesmo e para o outro.

2. Eu sei que você está aí e fico muito feliz por isso

"Eu sei que você está aí e fico muito feliz por isso" é o segundo dos seis mantras. Quando olho para a lua cheia, eu respiro, depois expiro profundamente e digo:

— Lua cheia, eu sei que você está aí e ficou muito feliz por isso.

E faço o mesmo com o sol. Quando contemplamos um lindo pôr do sol, se estamos verdadeiramente presentes, somos capazes de reconhecê-lo e apreciá-lo profundamente. Se estamos verdadeiramente presentes, podemos reconhecer e apreciar a presença do outro, seja a lua cheia, a Estrela do Norte, magnólias ou a pessoa que amamos.

3. Eu sei que você está sofrendo. Por isso, estou aqui para você

O terceiro mantra é: "Eu sei que você está sofrendo. Por isso, estou aqui para você." Quando somos conscientes, percebemos o sofrimento da pessoa amada. Se sofremos, mas a pessoa que amamos não percebe nosso sofrimento, sofremos ainda mais. Pratique a respiração consciente para produzir uma presença verdadeira. Depois, sente-se perto da pessoa amada e diga:

— Querido(a), eu sei que você está sofrendo. Por isso, estou aqui para você.

A sua mera presença aliviará um pouco o sofrimento do outro. Você pode fazer isso, não importa se é jovem ou velho.

4. Eu estou sofrendo. Por favor, me ajude

O quarto mantra poderá ser praticado quando você estiver sofrendo: "Querido(a), eu estou sofrendo. Por favor, me ajude." São poucas palavras, mas certas vezes difíceis de serem pronunciadas, pois nossos corações vivem repletos de orgulho, sobretudo quando acreditamos que a pessoa que amamos é a causa de tal sofrimento. Se a causa fosse outra pessoa, tudo seria mais fácil. Porém, quando o sofrimento é causado por um ser amado, a dor é profunda. Tudo o que queremos é ir para nosso quarto e chorar. No entanto, se realmente amamos essa pessoa, quando sofremos assim, devemos pedir ajuda. Devemos vencer nosso orgulho.

5. Este é um momento de felicidade

O quinto mantra é: "Este é um momento de felicidade." Quando estamos ao lado do ser amado, podemos repeti-lo. Não se trata de autossugestão nem de pensamento positivo, mas de atenção às condições de felicidade presentes em certo instante. É possível que você não esteja atento o suficiente, portanto, não as reconhece. Este mantra pretende nos lembrar de que somos pessoas muito felizes, de que temos condições de felicidade e que, se não as aproveitarmos, não estaremos sendo nem um pouco sábios. Portanto, quando estiverem sentados juntos, caminhando juntos, comendo ou fazendo qualquer outra coisa juntos, respire de maneira consciente e pense no quanto você é sortudo. A consciência transforma o momento presente em um momento maravilhoso.

6. Em parte, você tem razão

O sexto mantra é: "Em parte, você tem razão." Quando alguém nos dá os parabéns ou nos critica, devemos utilizar esse mantra. Dentro de mim, eu tenho pontos fortes e fracos. Se você me elogiar, eu não devo me esquecer que carrego pontos fracos em meu interior. Quando enxergamos coisas bonitas nos demais, tendemos a ignorar o que não é tão bonito. Sendo humanos, temos pontos positivos e negativos. Portanto, quando uma pessoa amada o elogiar, quando disser que você é a imagem da perfeição, diga:

— Em parte, você tem razão. Tenha em mente que carrego outras coisas dentro de mim.

Fazendo isso, você será capaz de manter certa humildade. Você não será vítima da ilusão, pois saberá que não é perfeito. Quando alguém lhe fizer uma crítica, diga o mesmo:

— Em parte, você tem razão.

MEDITAÇÃO DO AMOR

Esta meditação do amor, chamada meditação Metta, foi adaptada de *Visuddhimagga (O caminho da purificação)*, de Buddhaghosa, uma sistematização dos ensinamentos de Buda feita no século quinto da Era Comum.

> "Que eu esteja em paz, feliz e leve em corpo e espírito.
> Que eu esteja seguro e livre de danos.
> Que eu esteja livre da raiva, das aflições, do medo e da ansiedade.
>
> Que eu aprenda a me enxergar com os olhos da compreensão e do amor.
> Que eu seja capaz de reconhecer e tocar as sementes da alegria e da felicidade em mim mesmo.
> Que eu aprenda a identificar e enxergar as fontes da raiva, do desejo e da desilusão em mim mesmo.

Que eu saiba como nutrir as sementes da alegria em mim mesmo, todos os dias.
Que eu seja capaz de viver renovado, sólido e livre.
Que eu esteja livre do apego e da aversão, sem me tornar indiferente."

Para começar, sente-se e acalme seu corpo e sua respiração. Sentado e calmo, você não se preocupará demais com outros assuntos.

Comece a praticar essa meditação do amor consigo mesmo: "Que eu esteja em paz..." Até que você seja capaz de amar e cuidar de si mesmo, não será muito útil para os outros. Após isso, pratique com os demais: "Que ela/ele/eles estejam em paz..." Primeiro tente com alguém de quem você gosta, depois com uma pessoa neutra em sua vida, depois com alguém que você ame e, finalmente, com alguém que o faça sofrer só de pensar nessa pessoa. Após ter praticado a meditação Metta, você poderá ser capaz de pensar nos demais com compaixão genuína.

ESCUTAR COM COMPAIXÃO

Na prática da escuta com compaixão, você ouve com um único propósito: oferecer ao outro a chance de falar e sofrer menos. Pratique inspiração e expiração profunda e concentre-se no que estiver escutando. Enquanto fala, o outro poderá expressar amargura, percepções equivocadas ou fazer acusações. Caso permita que tais coisas atinjam sua raiva, você perderá sua capacidade de ouvir profundamente. Ouvir com consciência plena nos ajuda a manter viva a compaixão. Isso nos protege e nossa raiva não será ativada. Meros 15 minutos de escuta podem ser altamente curativos e trazer muito alívio ao outro. Você poderá ser a primeira pessoa que escutou de fato a ele ou a ela.

REGAR DE MANEIRA SELETIVA

Regar de maneira seletiva é o processo de regar as boas sementes e dar uma chance para que os elementos saudáveis e positivos de nossa consciência se manifestem. Podemos organizar nossa vida de maneira que as boas sementes sejam regadas várias vezes ao dia.

Somos nós os jardineiros que identificamos, regamos e cultivamos as melhores sementes em nós mesmos e nos demais. Necessitamos acreditar que existem boas sementes em nosso interior e, depois, com a atenção devida, devemos tocar tais sementes e praticar meditação sentados ou caminhando, várias vezes durante o dia. Quando conseguirmos tocar nossas sementes positivas, saberemos como voltar a tocá-las uma e outra vez, e dessa maneira elas se fortalecerão.

MEDITAÇÃO DO ABRAÇO

Quando abraçamos alguém, nossos corações se conectam e percebemos que não somos seres isolados. Abraçar com consciência plena e concentração pode nos proporcionar reconciliação, cura, entendimento e muita felicidade. A prática do abraço consciente já ajudou muitas reconciliações entre pais e filhos, mães e filhas, entre amigos e vários outros tipos de relacionamentos.

Pratique a meditação do abraço com um amigo, com sua filha, seu pai, parceiro ou mesmo com uma árvore. Abraçar é uma prática profunda. Você deve estar inteiramente presente para fazer isso corretamente. Quando tomo um copo de água, eu invisto 100% de mim mesmo no ato de beber tal água. Treine a fim de viver cada momento de sua vida dessa maneira.

Antes de abraçar, fique de pé, cara a cara com o outro, respirando e estabelecendo sua presença verdadeira. Isso feito, abra os braços e abrace o seu amado. Na primeira inspiração e expiração, perceba que você e seu companheiro estão vivos. Na segunda, pense em onde estarão daqui a cem anos. Na terceira, pense na preciosidade do fato de os dois continuarem vivos.

Abraçando dessa maneira, o outro se torna real e vivo. Você não precisará esperar até que um dos dois anuncie uma viagem. Abrace-o agora mesmo e receba o calor e a estabilidade do seu amigo neste exato momento. Os arquitetos constroem aeroportos e estações de trem para que exista espaço suficiente para a prática do abraço. Abraçando dessa maneira, seu abraço será mais profundo, assim como a sua felicidade.

AS CINCO CONSCIÊNCIAS

Estes versos podem ser recitados por qualquer pessoa, a qualquer momento, para ajudar a salvaguardar seus relacionamentos. Muitas pessoas os usaram em casamentos e cerimônias de comprometimento e alguns casais os repetem semanalmente. Caso tenha um sino, convide-o a tocar após recitar cada verso. Isso feito, inspire e expire algumas vezes, em silêncio, antes de seguir ao próximo verso.

1. Sabemos que todas as gerações de nossos ancestrais e nossas futuras gerações estão presentes em nós.
2. Conhecemos as expectativas de nossos ancestrais, filhos e netos sobre nós.
3. Sabemos que nossa alegria, paz, liberdade e harmonia são a alegria,

paz, liberdade e harmonia de nossos ancestrais, filhos e netos.

4. Sabemos que a compreensão é a verdadeira base do amor.
5. Sabemos que culpar e discutir nunca ajuda, apenas aumenta o abismo entre nós; e que apenas a compreensão, a confiança e o amor podem nos ajudar a mudar e a evoluir.

Títulos relacionados

A arte de comer

A arte de sentar

Publisher
Kaíke Nanne

Editora executiva
Carolina Chagas

Editora de aquisição
Renata Sturm

Coordenação de produção
Thalita Aragão Ramalho

Produção editorial
Jaciara Lima

Revisão de tradução
Rafael Surgek

Revisão
Daniel Pinton Schilklaper
Samuel Gonçalves

Diagramação
Filigrana

Adaptação de capa
Lúcio Nöthlich Pimentel

Este livro foi impresso em São Paulo, em 2015,
pela RR Donnelley, para a Editora Agir.
A fonte usada no miolo é Proxima Nova Alt , corpo 9,5/15.
O papel do miolo é avena 80/m², e o da capa é cartão 250g/m².